C'EST CE QU'ON M'A DIT

MII YI GAA–BI–WIINDMAAGOOYAAN

Auteure et Illustratrice
Juliana Armstrong

On m'a dit que nos ancêtres ont porté notre langue et notre culture depuis la nuit des temps, qu'ils marchent à nos côtés tout au long de notre parcours dans ce monde physique. L'histoire de notre Création et notre langue partagent notre vision du monde par l'entremise de plusieurs grands enseignements et nous laissent plusieurs grands enseignants.

Gookmis *(Go•k•miss)* — Grand-mère

Gookmis est une enseignante spéciale dans nos vies. C'est une conteuse d'histoires et une gardienne du savoir qui partage ses expériences et ses enseignements avec tous ceux et celles qui veulent bien l'écouter.

« Gookmis, pourquoi est-ce que tu partages tes enseignements avec moi? » Gookmis me serre contre elle et me dit de sa voix calme et humble : « Parce que c'est ce que ma grand-mère m'a dit. »

Mishkiki *(Mi•sh•ki•ki)* — Médecine

Ma Gookmis m'a dit que notre peuple vivait en harmonie avec la nature qui nous entoure. Elle m'a enseigné à cueillir de la Mishkiki de la terre pour aider notre guérison.

Mishoomis *(Mish•oh•mis)* — Grand-père

Mishoomis est un autre enseignant spécial dans notre vie. C'est un pourvoyeur et un guerrier avec beaucoup de savoir à transmettre aux générations plus jeunes. Mishoomis connaît plusieurs enseignements. Il connaît les enseignements du feu qu'il transmet aux jeunes hommes. Mishoomis dit que les hommes entretiennent le feu pendant que tout le monde apprend à s'occuper du feu. On m'a dit que quand on est prêt, on reconnaît l'esprit du feu en nous.

Shkode *(Sh•ko•dè)* — Feu

Le feu fait partie des quatre éléments et joue un rôle important dans notre vie. Les enseignements du feu sont : préparer le feu, allumer le feu, alimenter le feu et prendre soin des gens qui sont assis autour du feu. Nous honorons le feu et nous sommes reconnaissants de l'avoir. Mishoomis m'a dit que chacun de nous a en lui un feu et que nous devons l'entretenir d'une bonne façon.

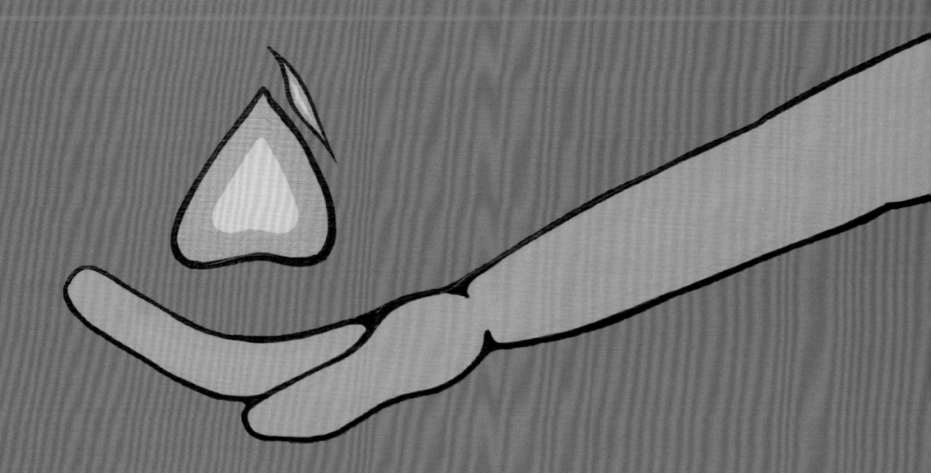

Midewewin (Mid·é·wé·wine) — D'une façon généreuse

Gookmis et Mishoomis passent beaucoup de temps dans la Loge pour apprendre des membres de la Midewewin. Gookmis et Mishoomis m'ont dit que la Midewewin est un groupe de personnes généreuses dévouées à apprendre et à garder bien vivants les enseignements de notre grande histoire de la Création. Mishoomis dit que dans la Loge, on partage les histoires, on parle la langue et on transmet les enseignements d'une génération à l'autre grâce à une cérémonie sacrée, d'une façon généreuse.

Gaan giigdogegon *(Gone guigue•dou•gué•goune)* — Arrêter de parler

Comme plusieurs autres peuples autochtones, les Ojibwés ont dû se battre pour que leur langue et leur culture restent fortes. On a forcé Gookmis et Mishoomis à aller au pensionnat quand ils étaient jeunes. On m'a dit que ce n'était pas une bonne école et qu'ils n'avaient pas le droit de parler leur langue et de pratiquer leurs traditions culturelles.

Anishnaabemowin *(Anish•nao•bé•mo•wine)* — Une langue autochtone

Aujourd'hui, notre peuple travaille fort pour retrouver les connaissances et la langue qu'on a prises à Gookmis et Mishoomis. Les apprenants d'une langue de deuxième génération deviennent des enseignants et les communautés rassemblent les gardiens du savoir pour transmettre les enseignements. Mishoomis dit que les Autochtones sont résilients et que, aussi longtemps que nous vivrons, la langue Anishnaabemowin continuera d'être forte.

Mno Bimaadziwin *(Mino Bi•maod•zi•wine)* — Vivre une belle vie

Nous nous rassemblons sur le territoire pour nous rapprocher de la nature et apprendre de l'environnement naturel. Mno bimaadziwin fait référence à vivre une belle vie. « Gookmis, qu'est-ce que c'est une belle vie? » Gookmis arrête ses activités et regarde profondément dans la forêt. « On m'a dit qu'une belle vie c'est quand on vit en harmonie avec la nature et qu'on se laisse guider par les sept enseignements sacrés de notre peuple. »

Miigweng kendaaswin *(Migue•wègne ken•daz•wine)* — Partager les connaissances

Les Ojibwés se rassemblent en petits et en grands groupes pour prendre soin les uns des autres. Partager leurs connaissances est une façon de survivre et un cadeau qu'ils donnent généreusement. On m'a dit que partager c'est une façon de nous assurer que notre culture et notre langue vivent des sept générations avant aux sept générations à venir.

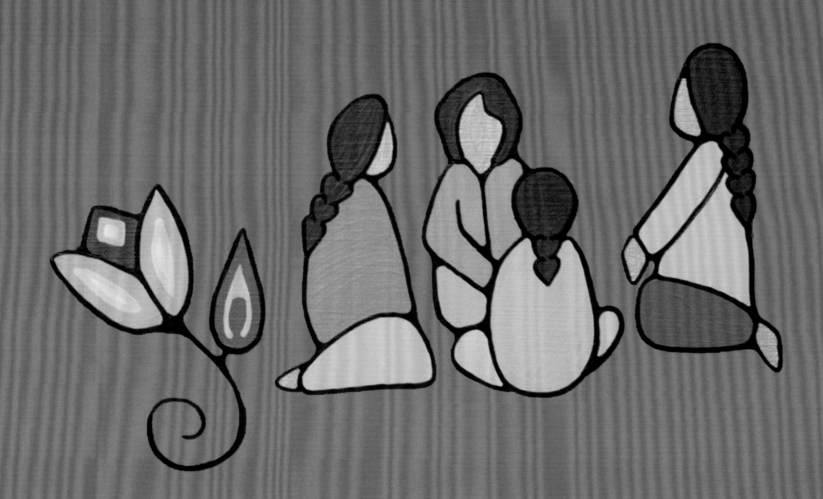

Doodem (Do·dem) — Clan

Mishoomis porte le Doodem dans la famille. Il le transmet à la prochaine génération. « Mishoomis, qu'est-ce que c'est un Doodem? » Avec confiance, Mishoomis répond : « On m'a dit qu'un Doodem est l'animal du clan que ta famille suit. Chaque Doodem a des compétences et une signification importantes avec lesquelles la famille s'harmonise et qui la guident. »

Dewegan *(Dé•wé•gone)* — Tambour

On m'a dit que le Dewegan était un cadeau des femmes en temps de guerre entre nos hommes. Aujourd'hui, Mishoomis s'assoit au Dewegan avec les chansons du passé et crée de nouvelles chansons pour le futur. Mishoomis dit que le Dewegan est le battement du cœur de nos peuples en temps de guérison, dans les cérémonies et les rassemblements sociaux. On peut l'entendre partout sur l'île de la Tortue; il nous unit sur un même parcours.

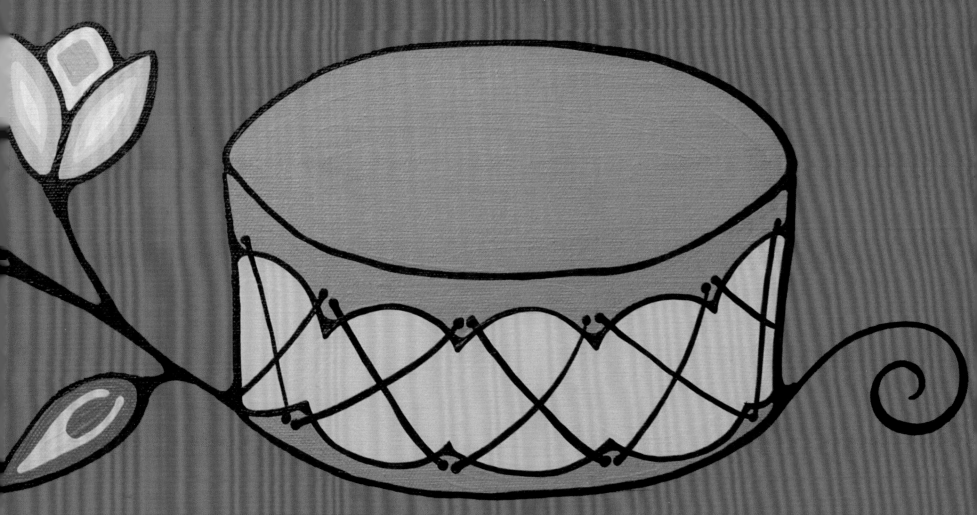

Odemin *(O•dé•mine)* — Fraise

La Odemin est un cadeau sacré du Créateur. C'est le premier fruit qui arrive quand l'ours sort de l'hibernation. C'est le fruit d'une femme. « Gookmis, pourquoi est que la Odemin est le fruit d'une femme? » Gookmis dit doucement : « Il représente le cœur et la fertilité d'une femme. La fraise est une médecine qui ne nourrit pas seulement l'ours, mais aussi les femmes qui la mangent quand elles finissent leur jeûne des fraises. C'est ce qu'on m'a dit. »

Nsidwinaagaazo(N•sid•win•a•ga•zo) — Identité

On m'a dit que tous ces enseignements se transmettent d'une génération à la suivante, de bonnes choses arrivent et notre Nsidwinaagaazo reste forte. On apprend notre langue, on partage nos connaissances, on pratique notre culture et Mno bimaadziwin se produit. Connaître notre culture veut dire savoir qui on est. Quand on sait qui on est, on peut marcher dans la bonne voie.

Ode *(O-dé)* — Cœur

Mon Ode se sent toujours bien quand je regarde notre peuple et les autres faire un effort pour parler notre langue. Gookmis dit qu'on lui a dit que quand on utilise notre tête autant que notre cœur, on trouve l'équilibre.

Pendant toute ma vie, je vais suivre les traces de ma Gookmis et apprendre les coutumes de notre peuple. Je vais cueillir les mêmes petits fruits qu'elle a cueillis. Je vais cueillir la même médecine et les mêmes fleurs qu'elle a cueillies.

Je vais parler la même langue qu'elle a utilisée pour me parler et je vais porter les sept enseignements sacrés qu'elle m'a enseignés. Quand je deviendrai une Gookmis, je vais porter avec moi toutes les connaissances que je dois transmettre à la prochaine génération pour que ses membres puissent eux aussi vivre une belle vie de Mno bimaadziwin.

C'est ce qu'on m'a dit.

Miigwech *(Migue•wètch)* — Merci

Miigwech pour tout ce qu'on m'a dit.

Juliana Armstrong
ojibwée
Première Nation Nipissing en Ontario